MES ÉMOTIONS ET MOI

Armelle VAUTROT

Illustrations et mise en page : Anne LAFFONT

Editions du Phare

«N'oublions pas que les petites émotions
sont les grands capitaines de nos vies.»
Vincent Van Gogh.

A mes filles d'amour,
A mes neveux chéris,
et à tous les autres enfants formidables !
Armelle.

A mes deux p'tits chats qui ne maitrisent pas encore bien
leurs émotions et mettent les miennes à rude épreuve ;
je vous aime à l'infini et au delà !
Anne.

SOMMAIRE

PRÉAMBULE AUX ADULTES QUI OUVRIRONT CE PETIT CAHIER

Tout d'abord, merci à vous d'être là, que vous soyez un proche (de famille, de cœur) de l'enfant à qui appartient ce cahier ou un professionnel de santé, d'éducation ou du social soucieux du bien-être des plus jeunes.
Vous avez eu la curiosité de venir voir ce qui se cache dans ces pages, vous avez eu l'envie de trouver des activités pour accompagner un enfant vers la découverte de lui-même et de ses émotions. Nous faisons le pari que vous trouverez aussi, peut-être, matière à vous découvrir un peu vous-même ici.

Ce petit cahier a plusieurs objectifs : apprendre à se connaître, découvrir ses vulnérabilités mais surtout ses forces et à partir de cela, identifier ses émotions, mettre en œuvre ses ressources, développer ses supers pouvoirs pour s'aimer, se respecter et avoir confiance en soi.
Se connaître aide à être en paix avec soi mais permet aussi de mieux vivre avec les autres.
Ce cahier a aussi ce but : favoriser des relations apaisées, avec soi-même et avec autrui.

Armelle et Anne espèrent que les enfants aimeront ce petit cahier et apprendront plein de choses sur eux-mêmes en faisant les différentes activités. Mais tout cela doit permettre aussi d'ouvrir des discussions avec les adultes sur ce que l'on ressent, ce que l'ont vit pour faciliter l'échange et la communication et progresser, ensemble, petits et grands.

Alors à vos feutres et crayons de couleur !

PRÉAMBULE AUX ENFANTS QUI OUVRIRONT CE PETIT CAHIER

Bonjour,

Nous sommes Léa et Samy, deux enfants comme toi, et nous ne nous connaissons pas encore. Mais à travers ce petit cahier, nous allons apprendre à nous découvrir et surtout : toi, tu vas apprendre à te découvrir pour mieux savoir quelle personne formidable tu es.
Pour commencer, je te propose un petit jeu :

Tu vas te regarder dans une glace, pas une glace que l'on mange (même si c'est très bon !), mais une glace que l'on peut aussi appeler un miroir.

Que vois-tu dans le miroir?

____

____

____

Léa se regarde dans le miroir elle aussi. C'est parfois étrange de se regarder dans le miroir car certains jours, on se plaît et d'autres jours, on ne se plaît pas. Ce n'est pas grave : ce qui compte, c'est d'accepter qu'il y a des jours «avec» et des jours «sans» mais que chaque journée nous apporte quelque chose de nouveau !

Comment sont tes cheveux?

____

____

Les cheveux de Léa sont blonds, longs et parfois indomptables. Toutefois, elle parvient, avec patience, à les coiffer mais d'autres fois, ils viennent lui chatouiller les joues, les oreilles, la nuque et les épaules.

Comment sont tes yeux?

___

___

Les yeux de Léa sont clairs et ronds : ils sont curieux et s'ouvrent en grand pour découvrir le monde. Ses lunettes rouges lui donnent un air malicieux.
Si tu regardes bien dans le miroir, tu verras plein de choses dans tes yeux, pas seulement la couleur de l'iris.
Dans nos yeux, on peut voir nos émotions, on peut voir nos interrogations, nos doutes, nos envies. On peut communiquer avec nos yeux, comme nous l'avons découvert en portant le masque.
Les yeux sont aussi importants que les mots pour savoir ce que les autres pensent et ressentent et ce que nous pensons et ressentons nous aussi.

Quelle est la forme de ton nez?

___

___

Cela peut être drôle un nez : il y en a avec des formes très différentes et de toutes les tailles et même le plus petit a un rôle très important : il nous permet de respirer ! Le nez de Léa est reflété dans le miroir. Il est tout petit et discret.

Comment tes oreilles sont elles dessinées ?

Certains trouvent que leurs oreilles sont trop grandes ou décollées. Mais les oreilles sont précieuses : elles nous permettent de communiquer oralement mais surtout, elles nous apportent plein d'informations sur le monde qui nous entoure : nous allons entendre un bruit qui nous avertit d'un danger, profiter d'une musique que nous aimons, entendre les ronronnements apaisants du chat.

Comment est ta bouche?

Nous avons tous des bouches très différentes : la couleur des lèvres est variable, la forme des lèvres aussi et derrière se cachent nos dents, qui ne sont parfois pas toutes au complet suivant notre âge.
Et toi, as-tu toutes tes dents ou certaines sont-elles encore en train de pousser ?

Tu peux découvrir ta bouche en faisant un sourire, en faisant semblant de bouder ou même en faisant des grimaces pour rigoler un peu.
Peut-être même que tu entendras ton rire en te regardant grimacer dans le miroir !

Voici le portrait de Samy : découvre ses cheveux, ses yeux, ses oreilles, son nez. Tu peux lui rendre son sourire si tu le souhaites...

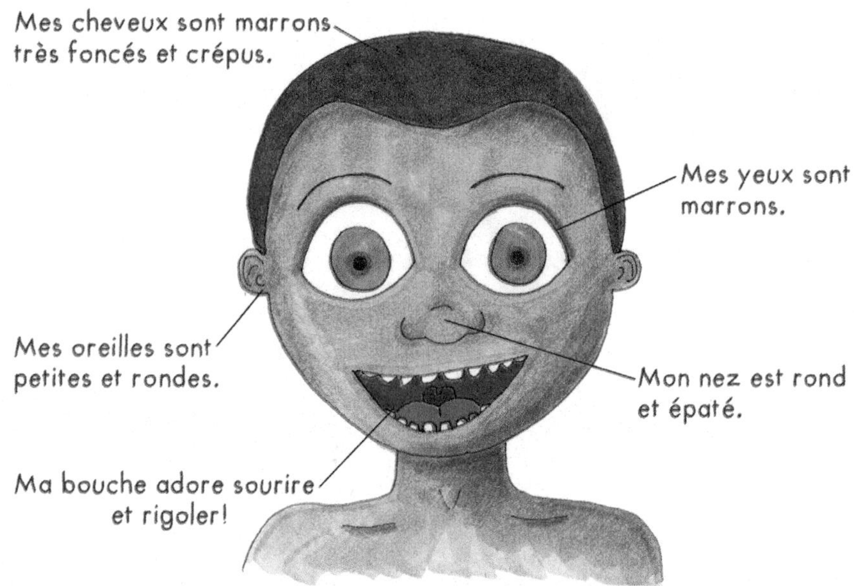

Maintenant, tu peux faire ton portrait. Tu peux utiliser ce que tu veux : du dessin, des contours ou du coloriage, des mots. N'hésite pas à utiliser des couleurs si tu en as envie !

PARTIE 1

QUI SUIS-JE?

Pour apprendre à te connaître, tu vas pouvoir utiliser tes 5 sens. Cela va te permettre de découvrir comment tu te sens dans le monde qui t'entoure, ce que tu ressens, quelles expériences tu fais simplement dans ta vie de tous les jours.

1. JE REGARDE

Avec tes yeux, tu peux voir mais tu peux aussi regarder. Quelle est la différence ?
Voir ne nécessite pas forcément d'être dans l'attention et la concentration.
Tu peux voir des oiseaux passer dans le ciel mais tu dois prendre le temps de les regarder pour savoir de quels oiseaux il s'agit. 
Tu peux voir des fleurs sur le chemin sur lequel tu marches mais tu dois t'arrêter et les regarder pour identifier de quelles fleurs il s'agit.
Tu peux voir des gens passer dans la rue mais si tu veux te rappeler leurs visages, leurs vêtements, leurs attitudes, tu dois te concentrer davantage et les regarder, les observer.
Nos sens nous donnent des milliers d'informations tout le temps mais si nous n'y faisons pas attention, nous les oublions vite. C'est normal !

Activité 1 : Je n'aime pas / j'aime

Les informations que nous recevons ne nous plaisent pas toujours. C'est pour cela qu'il faut apprendre à utiliser nos sens pour chercher et trouver ce qu'ils nous apportent de bon, de réconfortant, d'apaisant. Ainsi, nous savons ensuite les utiliser, en se concentrant un peu, pour avoir des sensations agréables.

Tu peux d'abord remplir ce petit tableau, comme j'ai commencé à le faire, pour trouver ce que tu n'aimes pas et ce que tu aimes regarder.
Tu peux trouver 3 choses que tu n'aimes pas et 5 choses que tu aimes.

CE QUE JE N'AIME PAS REGARDER	CE QUE J'AIME REGARDER
Un film qui fait peur	La mer
Un animal qui souffre	Le soleil qui se couche
....	....
....	....
....	....
....	....
....	....
	....

Activité 2 : Un monde monochrome

As tu une couleur préférée?
Samy adore le rouge ! Et toi?

Je peux te dire pourquoi il aime le rouge : il trouve que c'est une couleur chaude, vivante, joyeuse aussi.
Il aime beaucoup de choses rouges : il aime les fruits rouges (les fraises, les grenades, les framboises...), il aime les poissons rouges, il aime les fleurs rouges (les roses, les pivoines, l'anthurium...), il aime les endroits où il y a du rouge (les volcans), il aime les vêtements rouges, il aime boire de la grenadine.

Et toi, peux-tu me dire pourquoi tu aimes ta couleur préférée ?

Samy te propose un jeu : tu peux créer tout un monde dans ta couleur préférée. Tu n'utiliseras que cette couleur. A toi de jouer !

2. J'ÉCOUTE

Avec tes oreilles, tu peux entendre mais tu peux aussi écouter. Quelle est la différence ?
Entendre ne nécessite pas forcément d'être dans l'attention et la concentration.
Tu peux entendre une voiture passer dans la rue mais tu dois écouter attentivement pour identifier si c'est une grosse ou une petite voiture, si elle roule vite ou lentement.
Tu peux entendre des voix parler dans la pièce à côté de toi mais tu dois te concentrer et écouter pour comprendre ce que disent les personnes qui parlent.

Tu peux entendre une chanson passer à la radio, à la télévision ou sur internet mais si tu veux comprendre les paroles de la chanson, tu dois te concentrer davantage pour les écouter.
On peut utiliser nos sens de différentes manières, pour apprendre des choses, pour comprendre des choses et cela demande de l'attention et de la concentration.

Activité 1 : Je n'aime pas / j'aime

Les informations que nous recevons ne nous plaisent pas toujours.
C'est pour cela qu'il faut apprendre à utiliser nos sens pour chercher et trouver ce qu'ils nous apportent de bon, de réconfortant, d'apaisant. Ainsi, nous savons ensuite les utiliser, en se concentrant un peu, pour avoir des sensations agréables.
Tu peux d'abord remplir ce petit tableau, comme Samy a commencé à le faire, pour trouver ce que tu n'aimes pas ou ce que tu aimes écouter. Tu peux trouver 3 choses que tu n'aimes pas et 5 choses que tu aimes.

CE QUE JE N'AIME PAS ÉCOUTER	CE QUE J'AIME ÉCOUTER
La fourchette qui crisse sur l'assiette	Le ronronnement du chat
Des gros mots	Le rire des enfants
....	....
....	....
....	....
....	....
....	....
	....

Activité 2 : Nuage de mots

Connais-tu les onomatopées ?
Ce sont des mots qui permettent d'exprimer un bruit, un son.
On en trouve beaucoup dans les bandes dessinées ou les albums.

Voici quelques exemples sous forme de nuage de mots :

BOOM PSCHIT
DRING CRAC
SPLASH BING
VLAN BANG

Léa aime beaucoup jouer avec les onomatopées, dans les textes ou dans les dessins mais aussi dans les chansons.
Par exemple, tu peux entendre des onomatopées dans des chansons comme : Boum boum boum (Mika), Boum (Charles Trénet), Comic Strip (Serge Gainsbourg), Et Bam (Mentissa), Toc toc toc (Zazie).
Et toi, quelles onomatopées connais-tu ?
Tu peux créer ton nuage de mots avec des onomatopées de ton choix.

Quelle onomatopée te fait rire?

___

Quelle onomatopée te fait peur?

___

Activité 3 : Ma chanson préférée

Les onomatopées reproduisent des bruits. On peut écouter des bruits, des sons, des musiques.
Léa aime beaucoup partager des chansons avec les gens qu'elle rencontre, les enfants et les adultes.
Les chansons nous permettent d'exprimer et de ressentir des émotions.

Voici deux chansons que Léa aime beaucoup.
Tu pourras aller les écouter avec un adulte sur internet si tu ne les connais pas :

- Elle me dit, de Mika : Léa trouve cette chanson drôle et malicieuse.
- Adieu tristesse, de Zazie : Léa trouve cette chanson triste mais très belle.

Quelle est ta chanson préférée?

___

Quelles émotions ressens-tu lorsque tu l'écoutes?

___

___

Je te propose de me dessiner la chanson que tu choisis, afin de me la faire découvrir.
Que raconte-t-elle ? Y a-t-il des personnages dans l'histoire de cette chanson ?

Avec l'aide de tes parents, tu peux écouter les deux chansons préférées de Léa en scannant le QR code ci dessous avec un smartphone ou une tablette.

3. JE TOUCHE

Avec tes mains, avec ta peau, tu peux avoir plusieurs sensations: des sensations de contact et des sensations de mouvement. Il existe un mot un peu compliqué pour résumer tout cela : le kinesthésique.
Le corps capte tout le temps (la nuit comme le jour) des sensations, même sans y faire attention ; quand nous dormons, nous sommes en contact avec l'oreiller, le pyjama, la couette, un doudou ou un pouce dans la bouche parfois.
Toucher ne nécessite pas forcément d'être dans l'attention et la concentration.

Tu peux être en contact avec tes vêtements sans y faire attention mais tu peux avoir du plaisir à sentir sous ta main un tissu très doux, très moelleux.
Tu peux jouer dans un jardin ou dans un parc mais tu peux te concentrer un peu sur les sensations et t'apercevoir que tu sens le vent sur ton visage, la chaleur d'un rayon de soleil aussi.

Nos sens nous donnent des milliers d'informations tout le temps mais si nous n'y faisons pas attention, nous les oublions vite. C'est normal !

Activité 1 : Je n'aime pas / j'aime

Les informations que nous recevons ne nous plaisent pas toujours.
C'est pour cela qu'il faut apprendre à utiliser nos sens pour chercher et trouver ce qu'ils nous apportent de bon, de réconfortant, d'apaisant.
Ainsi, nous savons ensuite les utiliser, en se concentrant un peu, pour avoir des sensations agréables.

Tu peux d'abord remplir ce petit tableau, comme Samy a commencé à le faire, pour trouver ce que tu n'aimes pas ou ce que tu aimes comme sensation de contact ou de mouvement. Tu peux trouver 3 choses que tu n'aimes pas et 5 choses que tu aimes.

CE QUE JE N'AIME PAS COMME SENSATION DE CONTACT OU DE MOUVEMENT	CE QUE J'AIME COMME SENSATION DE CONTACT OU DE MOUVEMENT
Un vêtement qui me gratte	Danser, mettre mon corps en mouvement
La barbe à papa qui colle sur mes doigts	Caresser le chat, chaud et doux
....	....
....	....
....	....
....	....
....	....

Activité 2 : Gravir la montagne

Le toucher, le mouvement sont de précieux outils de réussite dans ta vie de tous les jours, comme un super pouvoir.
Tu réussis à écrire grâce au stylo que tu as appris à tenir, tu réussis une course parce que tu as appris à courir vite sans t'essouffler.
Bébé, tu as réussi à apprendre à marcher d'abord à 4 pattes avec les mains au sol puis sur tes 2 pieds.

Léa te propose un petit jeu.
Voici une montagne avec un peu de neige encore au sommet.

Elle a peut-être l'air trop haute pour la franchir mais toi, tu vas réussir à le faire.
Léa a confiance en toi et toi, tu dois avoir confiance en toi.
Tu vas te dessiner dans cette grande et belle aventure.
Tu peux utiliser ce que tu veux pour y arriver (des chaussures spéciales, des moyens de déplacement, des outils...), demander de l'aide à qui tu veux ou y arriver sans aide, prendre tout le temps que tu veux.
Tu vas arriver au sommet et c'est ça, le plus important.

Prends le temps de contempler ce que tu vois, une fois que tu as atteint le sommet.

Regarde le paysage en-dessous, le ciel au-dessus. Quelles sont les couleurs ?

____

Touche la neige, touche les arbres s'il y en a. Quelles sensations cela te fait ?

____

Que ressens-tu quand tu es tout en haut ?

____

Tu peux te faire parler si tu veux, en mettant une bulle avec des mots dedans.
Tu as le droit de te féliciter par exemple car tu as gravi la montagne !

Tu peux même utiliser les onomatopées.

4. JE SENS

Avec ton nez, avec tes narines, tu peux respirer donc vivre.
Tu peux aussi sentir des odeurs, des parfums.
Sentir ne nécessite pas forcément d'être dans l'attention et la concentration.
Tu peux sentir une odeur de cuisson dans la maison mais tu dois te concentrer pour définir si c'est un plat salé ou un plat sucré qui cuit, si c'est un aliment que tu connais déjà ou pas.
Tu peux sentir un parfum agréable pendant que tu joues dehors mais tu dois te concentrer pour trouver quelle fleur ou quel arbre sent si bon. Nos sens nous donnent des milliers d'informations tout le temps mais si nous n'y faisons pas attention, nous les oublions vite. C'est normal !

Les informations que nous recevons ne nous plaisent pas toujours. C'est pour cela qu'il faut apprendre à utiliser nos sens pour chercher et trouver ce qu'ils nous apportent de bon, de réconfortant, d'apaisant.
Ainsi, nous savons ensuite les utiliser, en se concentrant un peu, pour avoir des sensations agréables.

Activité 1 : Je n'aime pas / J'aime

Tu peux d'abord remplir ce petit tableau, comme j'ai commencé à le faire, pour trouver ce que tu n'aimes pas ou ce que tu aimes sentir avec ton nez. Tu peux trouver 3 choses que tu n'aimes pas et 5 choses que tu aimes.
Nos sens nous donnent des milliers d'informations tout le temps mais si nous n'y faisons pas attention, nous les oublions vite. C'est normal !

CE QUE JE N'AIME PAS SENTIR	CE QUE J'AIME SENTIR
La Bouse de vache	Un gâteau au chocolat qui sort juste du four
Le fromage qui sent fort	L'odeur de lessive des vêtements propres
....	....
....	....
....	....
....	....
....	....

Activité 2 : Respirer et se relaxer

Samy va t'apprendre un jeu qui permet de respirer calmement avec tout ton corps et de se relaxer. Les adultes peuvent le faire aussi mais la petite comptine est réservée aux enfants !

Comme Samy, tu t'allonges au calme dans ton lit. Tu peux fermer les yeux si cela t'aide à te détendre. Tu vas respirer tranquillement, presque sans y penser, mais tu vas te concentrer sur ton corps en partant des pieds : depuis la pointe de tes pieds, tes jambes, tes genoux, ton ventre, tes épaules, jusqu'en haut de ta tête. Tes pensées vont remonter doucement du bout des orteils jusqu'au sommet du crâne.

Pour t'aider et t'accompagner, Samy t'a préparé une petite comptine.

« Quand je suis allongé.e,
Mes pieds semblent légers,
Mes jambes sont reposées,
Mes genoux restent collés :
Mon corps est au repos.
Quand je suis allongé.e,
Mon ventre est bien dodu,
Mes épaules ne bougent plus,
Ma tête est détendue :
Mon corps est au repos. »

Tu peux scanner le QR code pour l'écouter!

Comment te sens-tu après cette relaxation?

Pour t'aider, tu peux aussi te concentrer sur les sensations de contact que tu as vu dans «Je touche».
Chaque partie de ton corps est en contact avec le lit, le drap, la couette, peut-être des coussins, des doudous. C'est agréable et apaisant.
Si tu te concentres sur ces sensations, tu verras que tu respires encore plus calmement.

C'est une activité que tu peux faire quand tu ressens du stress ou de la peur ou encore quand tu ressens de l'excitation et que tu n'arrives pas à te calmer.

5. JE GOÛTE

Avec ta bouche, tu peux goûter des choses très différentes : un bisou, un morceau de chocolat qu'il faut croquer, une eau très fraîche quand il fait chaud.

Goûter ne nécessite pas forcément d'être dans l'attention et la concentration.
Tu peux boire parce que tu as très soif mais tu dois te concentrer pour apprécier ce que tu bois : sa température, son goût.

Tu peux manger parce que tu as très faim mais tu dois te concentrer pour tester la température et éviter de te brûler.
Nos sens nous donnent des milliers d'informations tout le temps mais si nous n'y faisons pas attention, nous les oublions vite.
C'est normal !

Activité 1 : Je n'aime pas / j'aime

Tu peux d'abord remplir ce petit tableau, comme Samy a commencé à le faire, pour trouver ce que tu n'aimes pas ou ce que tu aimes goûter.
Tu peux trouver 3 choses que tu n'aimes pas et 5 choses que tu aimes.

CE QUE JE N'AIME PAS AU GOÛT	CE QUE J'AIME AU GOÛT
La réglisse	La grenadine (en plus c'est rouge !)
Le sirop pour la toux	Un bon chocolat chaud quand il fait froid
....	....
....	....
....	....
....	....
....	....

Activité 2 : Mon menu idéal

Quel serait ton menu idéal, si tu pouvais tout choisir, du début à la fin du repas ?
Voilà ce que serait celui de Samy :

- **En entrée :** du melon et de la pastèque parce que c'est bon, c'est frais, c'est coloré et cela lui fait penser à l'été et aux vacances.
- **En plat :** des lasagnes, parce qu'il aime les manger et les partager avec sa famille.

- **En dessert :** une mousse au chocolat parce qu'il adore le chocolat et que la mousse est agréable à manger, c'est doux et moelleux dans la bouche.

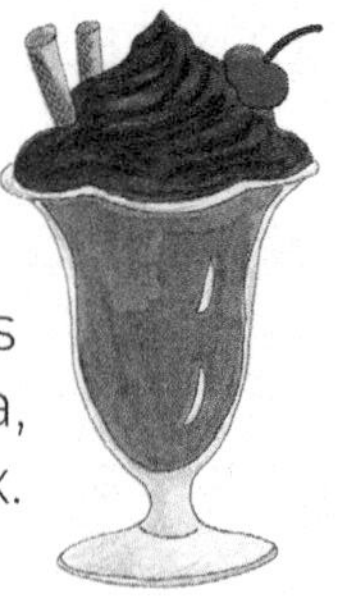

Il aimerait partager ce délicieux menu avec les personnes qui comptent pour lui, sa famille, Léa, ses amis. Ce serait un moment agréable et joyeux.

A ton tour !

Que mangerais-tu en entrée ?

____

Qu'est-ce qui te plaît dans cette entrée ?

____

Que mangerais-tu en plat ?

____

Qu'est-ce qui te plaît dans ce plat ?

____

Que mangerais-tu en dessert ?

____

Qu'est-ce qui te plaît dans ce dessert ?

____

Je te propose de te dessiner en train de partager ce menu idéal avec les personnes de ton choix. Tu peux te représenter où tu le veux : dehors, dedans, dans un lieu que tu connais ou un lieu imaginaire.

Qui partage ce repas avec toi ?

Quelle émotion ressens-tu ?

SYNTHÈSE DE LA 1ÈRE PARTIE : MOI ET MES 5 SENS

Samy et Léa te proposent de faire une petite expérience avec quelque chose que tu aimes beaucoup manger et de prendre le temps de l'explorer avec les 5 sens.

Pour t'aider, ils vont te donner un exemple.

Une dame très gentille leur a raconté un jour qu'elle adorait les choux au caramel. Elle leur a expliqué comment elle avait exploré un chou au caramel avec ses 5 sens avant de le manger :

- **Je regarde** : Le chou a une belle couleur, un peu brune. C'est appétissant.

- **J'écoute** : Quand je le prends entre mes doigts délicatement, j'entends le son moelleux du chou mais aussi le craquant du caramel si j'appuie dessus.

- **Je touche** : C'est moelleux mais aussi collant à cause du caramel dessus.

- **Je sens** : Il y a l'odeur du sucré.

- **Je goûte** : Il faut un peu croquer et mâcher mais l'intérieur est très facile à manger ; le caramel, lui, colle un peu sous les dents.

A ton tour, tu peux dessiner ou écrire, comme tu veux, pour me raconter ton expérience.

Quel aliment as-tu choisi ?

___

Comment te sens-tu après avoir fait cette expérience ?

PARTIE 2

MES ÉMOTIONS ET MOI

Un jour, Samy a dit: «Les émotions, ce sont des caresses dans le corps.»
Léa aime beaucoup sa définition des émotions.

Que sont les émotions pour toi ?

Les émotions sont des réactions à ce que tu vis, à ce que tu penses, à ce que tu fais.
Elles sont provoquées, très souvent, par des informations reçues par ton corps, grâce aux 5 sens que nous avons vus en 1ère partie.
Ces informations sont reçues puis interprétées par notre cerveau grâce à plusieurs parties dont l'amygdale et l'hippocampe (qui n'est pas un poisson ici !).
Ce qui est intéressant avec notre cerveau, c'est que l'on peut en quelque sorte communiquer avec lui et essayer de le faire changer d'avis.

Voici un exemple :

Léa a très peur des araignées.
Quand elle était toute petite, elles la terrorisaient.
Puis en grandissant, elle s'est rendu compte qu'elles étaient bien plus petites et vulnérables qu'elle.

Elle a donc appris à son cerveau à maîtriser sa peur parce qu'elle ne risque rien face à ces petites bestioles. Elle est bien trop grande et bien trop forte par rapport à elles.
Elle n'aime toujours pas les araignées et franchement, elle préfère vraiment ne pas les croiser ! Mais quand cela arrive, elle n'a plus aussi peur et elle arrive à les chasser de sa maison.

Nous allons explorer ensemble les 4 émotions principales (la peur, la tristesse, la colère et la joie) et voir ce que tu peux faire pour les connaître, les exprimer et les apprivoiser pour mieux vivre avec elles.

Pour chaque émotion, tu verras que Samy et Léa ont glissé une petite citation ou un proverbe qu'ils ont eu envie de partager avec toi. Ce sont des mots simples et tu pourras en profiter pour en discuter avec les adultes autour de toi.
Vous verrez ainsi si vous êtes d'accord avec la citation, si vous la comprenez de la même manière.

1. LA PEUR

Citation sur la peur :

« Chatrouiller : avoir une peur déraisonnable des guilis. »
Alain Finkelkraut

Activité 1 : La peur du noir

Beaucoup d'enfants ont peur dans le noir. Et toi ?
Parfois, on a du mal à s'endormir à cause de cela. On imagine des choses, on entend des bruits, on invente des dangers terribles.
Pour contrer la peur, il y a deux solutions: soit on essaie de se raisonner (comme Léa avec l'araignée), soit on se concentre sur les 5 sens pour empêcher le cerveau de fabriquer d'autres informations.
Tu as appris à le faire dans la **1ère partie**.

Samy te propose de te concentrer sur ce que tu vois et ce que tu touches.
Par exemple, certains enfants, depuis leur lit, voient leurs jouets, la fenêtre, une lumière, des décorations de leur chambre, des meubles. Et toi, que vois-tu quand tu es dans ton lit ?

Dans ton lit, tu peux toucher ton oreiller, ton doudou, ton pyjama : toutes ces choses sont douces, moelleuses, confortables. Tu les connais bien, elles te rassurent. Tu te sens bien.
Samy te propose un jeu.
Dessine ta chambre avec tout ce que tu vois depuis ton lit quand tu te couches le soir.
Pour cela, tu vas devoir te concentrer un peu et bien observer ce qu'il y a autour de ton lit.
Tu ne vas pas voir, mais tu vas regarder, attentivement, comme tu as appris avec **Je regarde**.

Activité 2 : Quand je suis dans mon lit

Léa et Samy t'ont composé une petite chanson que tu pourras chanter le soir en te couchant.
Tu vas même pouvoir changer un peu les paroles pour les adapter à ce que tu vois quand tu es dans ton lit car ils ne connaissent pas ta chambre.

Quand je suis dans mon lit…

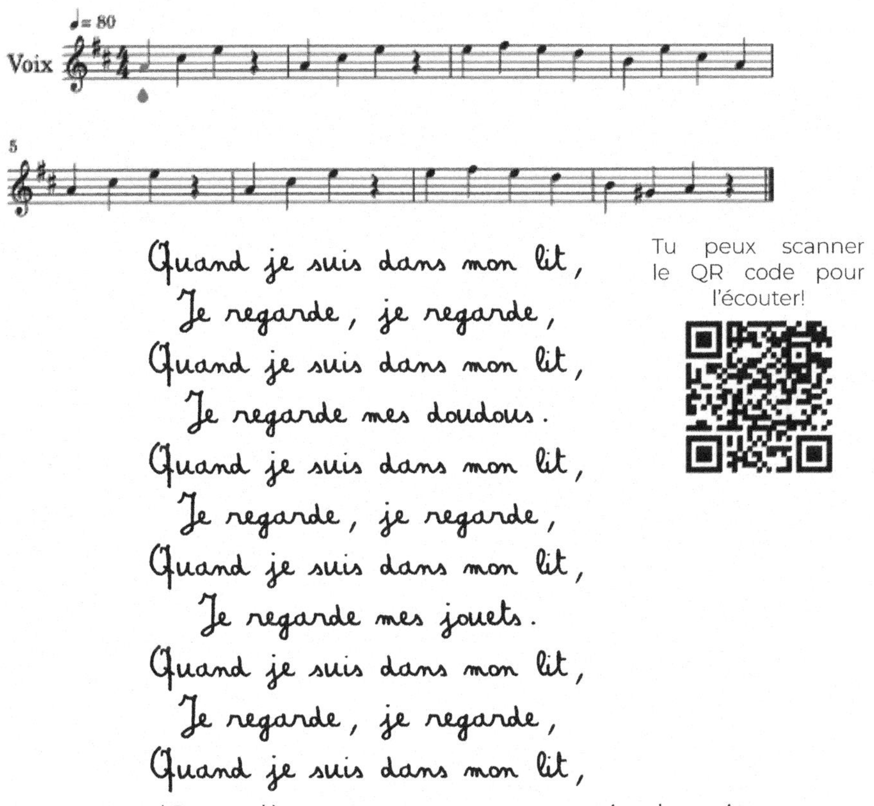

Je regarde… (Complète avec ce que tu vois depuis ton lit en rajoutant autant de couplets que nécessaire puis termine avec le dernier couplet ci-dessous)

Quand je suis dans mon lit,
Je regarde, je regarde,
Quand je suis dans mon lit,
Je peux faire un gros dodo.

Activité 3 : Je surmonte ma peur

Quand tu as peur, tu peux calmer les sensations que tu as dans le corps avec l'activité de respiration de la **1ère partie**.

Quand tu as peur, tu peux calmer les émotions dans la tête avec l'activité que nous venons de voir ensemble, grâce aux 5 sens, comme **Je regarde** ou **Je touche**.

Quand tu as peur, tu peux proposer à ton cerveau, de trouver des solutions pour résoudre le problème qui cause la peur.

Léa te propose un petit jeu.
Tu vas te dessiner en train d'affronter les grandes vagues.
Tu vas réussir à t'en sortir, elle a confiance en toi et toi, tu dois avoir confiance en toi.

Pour t'aider, tu as le droit de dessiner aussi un bateau pour te sauver, un phare pour te guider dans la tempête et d'autres choses de ton choix, comme pour gravir la montagne. Ce qui compte, c'est que tu réussisses à surmonter cet obstacle.

2. LA TRISTESSE

Citation sur la tristesse :

« *La vie est tristesse : surmonte-la !* »
Mère Teresa

La tristesse est une émotion que nous identifions assez facilement car le corps sait comment l'exprimer : avec les larmes. Parfois aussi, on tremble ou on se recroqueville en pleurant.
Il ne faut pas avoir honte de pleurer. C'est un phénomène naturel.
Tout le monde pleure : les garçons comme les filles, les adultes comme les enfants. Simplement, parfois, on préfère se cacher pour ne pas montrer sa tristesse.

Activité 1 : Le double auto-portrait

Samy te propose de faire un double portrait de toi :
à gauche, tu vas te représenter quand tu ressens de la tristesse et à droite, quand tu ressens du bonheur.

Tu peux te dessiner et aussi te faire parler, utiliser des mots.

Tu peux te représenter avec d'autres personnes ou dans un lieu particulier si cela t'aide.

Tu peux expliquer ce qui te rend triste à gauche, ce qui te rend heureux à droite.

C'est très important de voir que nous sommes tous capables de traverser des moments de tristesse et que cela ne nous empêche pas d'être heureux quand même.

Le bonheur est toujours au bout du chemin.

MOI QUAND JE RESSENS DE LA TRISTESSE	MOI QUAND JE RESSENS DU BONHEUR

Activité 2 : L'image refuge

Tu peux apprendre à ton cerveau à transformer la tristesse en bonheur mais cela demande de l'attention et de la concentration.
Pour t'aider, Samy va t'apprendre comment faire.

Tu vas créer ton image refuge.

Qu'est-ce qu'un refuge ? C'est un endroit où l'on se sent bien, où l'on est en sécurité, où l'on ne risque rien, où l'on est tranquille et rassuré.
Ce peut être un endroit qui existe réellement, un endroit où l'on est déjà allé où un endroit imaginaire mais qui contient plein d'éléments apaisants de ton choix.

Samy te donne un exemple. Il aime beaucoup écouter le bruit de la mer mais il n'aime pas trop le sable ou les galets.

Dans son image refuge, il est dans un endroit où il peut s'allonger sur de l'herbe très colorée et douce tout en écoutant le bruit de la mer. Il aime le soleil mais pas quand il tape trop fort alors dans son image refuge, il s'imagine sous un ciel bleu, avec des nuages très légers et un soleil agréable, pas trop chaud.

Pour penser à son image refuge, il va se mettre dans un endroit tranquille, il ferme les yeux et il s'imagine sur cette herbe avec le bruit de la mer et ce soleil doux. Il se sent bien, détendu, apaisé. Il sourit quand il pense à cela et c'est très agréable.
A ton tour de créer ton image refuge !
Que veux-tu voir ? Que veux-tu ressentir ? Que veux-tu entendre ? Que veux-tu toucher ?
Tu peux montrer dans ton dessin que tu souris parce que tu es bien.

3. LA COLÈRE

Citation sur la colère :

« Ne fais jamais rien dans la colère. Hisserais-tu les voiles dans la tempête ? »
Proverbe arabe

La colère est une émotion qui peut nous faire très mal et faire très mal aux autres.
C'est réellement l'émotion la plus difficile à supporter, à exprimer et à apprivoiser. Pourtant, on peut faire aussi de belles choses à partir de la colère.
Par exemple, quand on est en colère contre l'injustice, on invente des lois pour protéger les gens.
Quand on est en colère contre ceux qui font la guerre, on fait tout pour s'unir afin de rétablir la paix.
Quand on est en colère parce que l'on a raté un travail à faire, on va progresser pour le réussir la prochaine fois. 
Parfois, les adultes ont du mal à comprendre les colères des enfants.
Il faut mettre des mots sur la colère, pas seulement des cris ou des gestes. Les mots peuvent aider à apprivoiser la colère : la sienne et celle des autres.

Activité 1 : Le sac à colère

Léa te propose un petit jeu.
Elle te donne un sac à colère vide. Tu vas pouvoir le remplir de tous les mots de la colère : tout ce qui t'énerve, tout ce qui te blesse, tout ce qui est injuste, tout ce que tu détestes aussi. Quand le sac sera bien plein, tu pourras le fermer. Les mots existeront toujours mais ils seront prisonniers et ne pourront plus provoquer ta colère.

Tu pourras garder dans ta tête ce petit jeu pour le refaire quand tu en auras besoin, quand tu sentiras la colère t'envahir la tête et le corps.

Quels mots as-tu envie de mettre dans ce sac à colère?

____

____

Activité 2 : Les ciseaux anti-colère

La colère est une émotion qui s'exprime de manière très sonore et très visible parfois. On a envie de dire des gros mots, de crier, de frapper.

C'est difficile de gérer sa colère avec les autres, cela peut nous amener à nous fâcher avec des personnes que nous aimons bien.

Cela peut aussi nous amener à nous faire gronder ou punir et là, c'est encore plus douloureux car après la colère vient la tristesse.

Samy te propose de penser à ta colère en suivant une petite frise sous forme de flèche du temps : depuis le début jusqu'à la fin de cette émotion.

Ainsi, tu peux essayer de comprendre ce qui se passe au tout début, ce qui cause la colère et ce qui fait qu'elle explose ensuite.
Je te donne un exemple :

- Au départ de la flèche : Samy a raté son bus.
- Ensuite : Samy est en retard parce qu'il a raté son bus.
- Après : Il se fait gronder parce qu'il est en retard parce qu'il a raté mon bus.
- Enfin : Il a envie de hurler que ce n'est pas juste parce qu'il n'a pas fait exprès de rater son bus ni d'être en retard!

Tu vois que sa colère est en fait une suite de petits événements qui s'ajoutent les uns aux autres.

Quelle est la solution pour ne pas laisser la colère grandir au fur et à mesure de la flèche ?

Imagine que dans ton cerveau, tu puisses inventer des ciseaux qui coupent la frise dès le début, après le premier événement.

Regarde ce que cela donne avec l'exemple de Samy.
Oui, c'est vrai, il a raté son bus. Ce n'est pas drôle, il va être en retard.
Il utilise ses ciseaux et il coupe la flèche ici.

Pourquoi ici ? Et bien parce qu'il pense que n'est pas grave si il a raté son bus.
Ce n'est pas une catastrophe.
Non. Il a quand même le droit de râler un peu et de se plaindre mais cela suffira à libérer son émotion de départ. Il la laisse s'exprimer. Il peut même utiliser des onomatopées pour cela.

Et puis il les range dans le sac à colère de l'**activité 1** et il le ferme.

A ton tour !

Raconte une de tes colères. Essaie de placer les différentes étapes sur la flèche du temps, du début jusqu'à la fin.
Imagine maintenant des ciseaux dans tes pensées. Tu peux les dessiner pour t'aider.

A quel endroit vas-tu couper la frise pour que ta colère s'arrête avant d'exploser ?

4. LA JOIE

Citation sur la joie :

« *La moindre joie ouvre sur un infini* »,
Christian Bobin

La joie est l'émotion la plus agréable à ressentir et à vivre. C'est aussi pour cela qu'on termine cette partie avec cette émotion-là. C'est important de toujours se rappeler ce que l'on ressent quand on a de la joie car on peut s'en servir pour lutter contre la peur, la tristesse ou la colère.
La joie est une émotion qui nous fait sourire et rire.
Si tu ris bien fort devant l'araignée, tu la fais fuir à cause du bruit!
Si tu ris quand tu pleures, tes larmes se transforment en larmes de joie !
Si tu ris quand tu te mets en colère, tu ne peux plus continuer à te fâcher !

Nous aimons beaucoup partager la joie alors que la colère nous fâche avec les autres ou la tristesse nous isole.

Activité 1 : Y'a d'la joie

Léa aime beaucoup partager des chansons et elle aime beaucoup écrire de nouveaux textes. Elle a envie de faire cela avec toi aujourd'hui.
Connais-tu la chanson de Charles Trénet, « Y a d'la joie » ?
Tu te rappelles la différence entre entendre et écouter ? C'est dans la 1ère partie, **J'écoute**.
Il faut que tu écoutes la chanson attentivement pour comprendre les paroles. Tu peux demander à un adulte de te la faire écouter et de t'expliquer ce que tu ne comprends pas.
Dans cette chanson, un monsieur se promène et voit de la joie partout : sur les toits, dans les rues, vers la Tour Eiffel.

Si Léa réécrivait les paroles en fonction d'elle, elle dirait cela :

Y a d'la joie,
Bonjour les papillons,
Y a d'la joie,
Dans mon jardin, les fleurs
sentent bon,
Y a d'la joie,
Pas de nuage à l'horizon,
Partout y a d'la joie.

Tu peux scanner le QR code pour l'écouter!

Et toi, où vois-tu de la joie si tu regardes attentivement autour de toi?
Réécris la chanson à ton tour.

Y a d'la joie,

____

Y a d'la joie,

____

Y a d'la joie,

____

Partout y a d'la joie.

Si tu préfères, tu peux dessiner ta chanson.

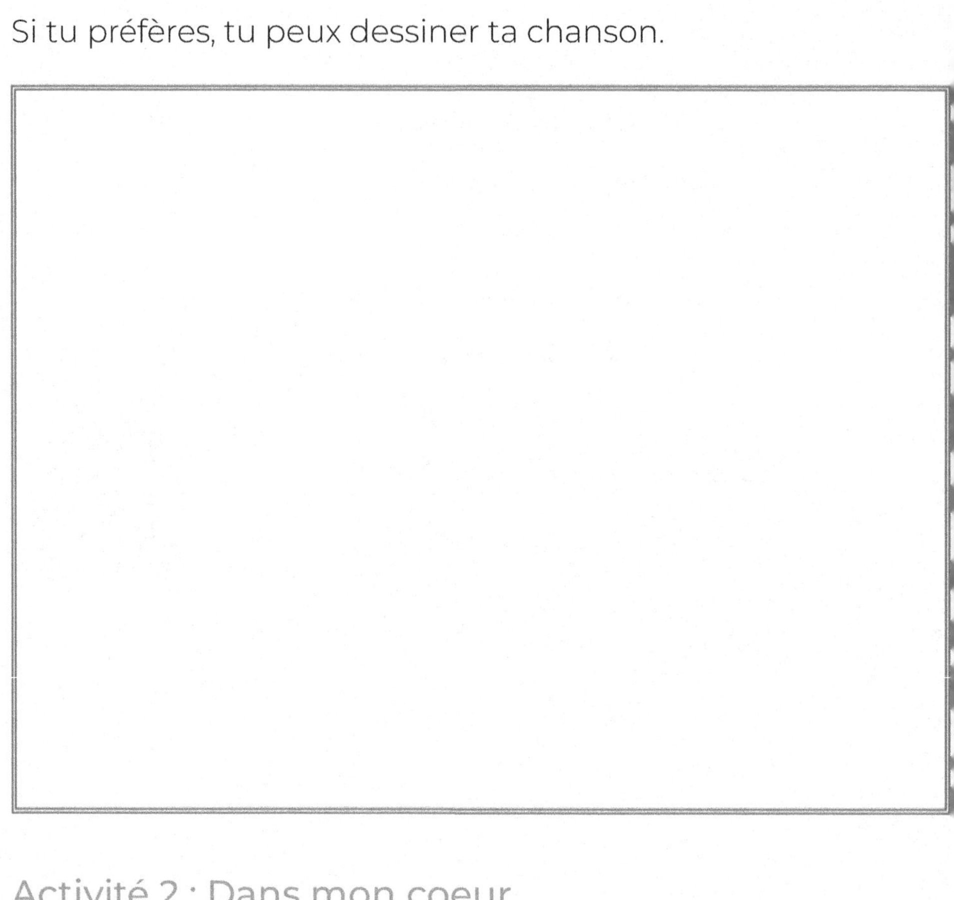

Activité 2 : Dans mon coeur

Quand on ressent de la joie, on a du bonheur dans le corps et dans le cœur.
Le corps est détendu, le visage est souriant, on a plein d'énergie pour courir, chanter, danser, jouer.
On se sent souvent léger.
Le cœur est lui aussi léger mais il est surtout rempli de jolis mots qui font du bien.

Quand Samy ressent de la joie, il a par exemple ces mots-là dans son cœur :
tendresse – enfants – chats – caresse – douceur – mer – soleil - rouge.

A toi d'écrire les jolis mots ou dessiner les jolies choses que tu as dans le cœur quand tu ressens de la joie.

SYNTHÈSE DE LA 2ÈME PARTIE : MOI ET MES BALLONS D'ÉMOTIONS

Ton cerveau est toujours en activité et rien ne peut l'empêcher de recevoir des informations et de les traiter puis de les transformer en émotions.
Tu ne peux donc pas empêcher les émotions de se manifester puisqu'elles sont des réactions à tout ce que tu vis.

Mais ce n'est pas grave. Car tu peux apprendre à ton cerveau quoi faire avec ces émotions.
Tu peux apprendre à calmer ta peur en te relaxant par exemple ; tu peux arrêter la colère avant qu'elle n'explose avec tes ciseaux imaginaires; tu peux laisser la tristesse venir en toi mais transformer tes larmes en larmes de joie rien qu'en rigolant un peu.

Tu sais faire tout cela maintenant.

ARAIGNÉES
MALADIE
PAPILLONS
GÂTEAUX

Samy et Léa ont confiance en toi et toi, tu dois avoir confiance en toi.
Léa te propose de faire comme elle, et de te représenter avec des ballons à la main. Ils sont bien gonflés.
Si tu les lâches, ils vont s'envoler puis disparaître très loin dans le ciel.
Tu peux lâcher ceux qui contiennent des peurs, des choses tristes, des colères, des soucis et décider de garder dans ta main seulement ceux qui contiennent de la joie et du bonheur.

Par exemple, Léa va décider de lâcher des ballons contenant : les araignées, la maladie, les crottes de chien sur les trottoirs (oui, cela l'énerve beaucoup !) mais elle va garder les ballons contenant les fleurs, les papillons, les gâteaux au chocolat, les vagues, le printemps.

Et toi, que vas-tu mettre dans tes ballons ?

Lesquels vas-tu garder ?

Lesquels vas-tu lâcher ?

PARTIE 3

MA CONFIANCE ET MOI

Plusieurs fois dans ce cahier, Léa et Samy répètent qu'ils ont confiance en toi et que toi aussi, tu dois avoir confiance en toi.

Avoir confiance en soi, cela ne veut pas dire savoir tout faire, avoir toutes les réponses à tous les problèmes ou être plus fort que tout le monde ni même parfait.

Avoir confiance en soi, cela nécessite d'abord de bien se connaître, d'identifier ses émotions, de savoir lesquelles nous font souffrir parfois pour pouvoir les accepter puis les transformer.

Avoir confiance en soi, cela suppose d'être entouré de personnes qui peuvent nous aider parce qu'elles sont plus grandes, qu'elles connaissent plus de choses.

Mais cela suppose aussi de ne pas avoir peur de se débrouiller sans les autres, avec ses propres moyens car on peut faire aussi de grandes et belles choses sans aucune aide.

Avoir confiance en soi, c'est accepter que l'on peut faire des erreurs, que l'on peut recommencer, que l'on peut progresser.
Ce n'est pas grave si l'on ne réussit pas toujours.

L'important, c'est d'essayer de s'améliorer et comprendre pourquoi on se trompe.

Avoir confiance en soi, c'est aussi savoir comment se faire du bien, comment se donner de la douceur et de la joie quand on traverse un moment difficile.

Avoir confiance en soi, c'est savoir qu'avec ses défauts, on est quand même quelqu'un d'unique et de formidable.

Léa et Samy vont partager avec toi plusieurs outils pour travailler et développer la confiance en soi.

1. MON AUTO-MASSAGE

Tu as appris à bien respirer et à te relaxer dans la **1ère partie** et la **2ème partie**.
Cela te demande de l'attention et de la concentration sur certains de tes 5 sens.

Voici une manière d'utiliser le toucher pour t'aider aussi à te détendre et à te sentir mieux, suivant les émotions que tu traverses.

Tu vas apprendre à te masser toi-même.
Cela s'appelle de l'auto - massage.

Tu vas utiliser tes deux mains, toucher les parties du corps de la chanson, te masser pour te détendre et même peut-être te faire un peu des guilis en passant, ce n'est pas grave.

Pour t'aider, Léa t'a composé une petite chanson.

Voici les paroles et la mélodie :

« Un petit pied, deux petits pieds :
Je peux les masser moi-même, ça me fait rigoler.
Un petit genou, deux petits genoux :
Je peux les masser moi-même, c'est vraiment très doux.
Un petit bras, deux petits bras :
Je peux les masser moi-même, ça donne de la joie.
Une petite main, deux petites mains :
Je peux les masser moi-même, ça me fait du bien.
Une petite joue, deux petites joues :
Je peux les masser moi-même, c'est comme des bisous.
Une petite oreille, deux petites oreilles :
Je peux les masser moi-même, ça fait des merveilles. »

Tu peux scanner le QR code pour l'écouter!

2. MES 3 PETITS BONHEURS

Parfois, pour gérer ses émotions et ressentir de la joie, il suffit de changer notre perception de la journée qui vient de s'écouler.

Tu sais, parfois, tu entends les adultes dire qu'ils ont passé une très mauvaise journée.
Mais aucune journée n'est complètement mauvaise. Il faut bien regarder et ressentir chaque moment qui a composé cette journée pour s'en rendre compte.
C'est important car si l'on se couche avec des soucis dans la tête, on risque de ne pas réussir à s'endormir ou de faire des cauchemars pendant la nuit.

Le sommeil, c'est très important pour la santé du corps et de l'esprit, pour les petits et pour les grands.

Le cerveau travaille la nuit aussi et il va utiliser ce dont il se souvient le mieux : ce qui s'est passé à la fin de la journée.

C'est pour cela que Léa et Samy te proposent un petit jeu que tu pourras faire tous les soirs si tu le souhaites, par exemple dans un carnet.
Tu pourras le faire sans personne, avec des mots ou des dessins si tu préfères. Tu pourras parfois le faire en équipe, avec quelqu'un de ta famille par exemple, un adulte ou un autre enfant. Il ne faut pas hésiter à partager le bonheur.

Le bonheur est comme l'amour : il ne se divise pas, il se multiplie.
Plus on est nombreux, plus la quantité d'amour et de bonheur augmente.

En quoi consiste leur jeu ?

Tu peux, chaque soir, avant de te coucher, trouver 3 petits bonheurs dans ta journée.
C'est très important, surtout si tu as passé une journée difficile, si tu as ressenti des émotions désagréables.

Tu ne peux pas les oublier, mais tu peux porter ton attention et ta concentration sur les petits bonheurs pour les montrer à ton cerveau comme les cailloux du Petit Poucet et qu'il suive ce chemin-là quand il va travailler pendant la nuit.

Léa et Samy vont te donner des exemples de 3 petits bonheurs, selon eux.

Vendredi :

- Léa a écouté une musique qu'elle aime beaucoup et elle a dansé dessus dans son salon.

- Samy a fait un long câlin avec son chat, Jazz.

- Quelqu'un a dit à Léa qu'elle avait de jolies chaussures et ce compliment lui a fait plaisir.

Samedi :

- Léa a mangé un délicieux hamburger avec sa mère : quel régal !

- Elle a ensuite fait une promenade le long du ruisseau, sous le soleil.

- Samy a observé les fleurs qui poussent dans son jardin ; elles annoncent le printemps.

Tu vois, les 3 petits bonheurs, ce ne sont pas forcément des événements exceptionnels.

Ce sont justement toutes ces petites choses que l'on ne voit pas parce que l'on pense à ses soucis et pourtant, elles sont bien là, chaque jour et rendent notre vie agréable.

A ton tour de trouver 3 petits bonheurs chaque soir !

Tu peux les écrire ou les dessiner.

2. MA FLEUR DE CONFIANCE

Tu as dû remarquer que Léa et Samy aiment beaucoup utiliser les éléments de la nature : la montagne, les nuages, les fleurs, l'herbe, le ruisseau, la mer.
Ces éléments nous aident beaucoup à travailler nos 5 sens, comme dans la **1ère partie**. Ils nous permettent de sentir quelle est notre place dans le monde, au milieu de tout ce qui est vivant, comme nous.

Les fleurs ont la particularité de mettre de la couleur dans notre vie.
Elles ont beaucoup de pétales qui souvent sont tous un peu différents si on les regarde de près mais l'ensemble est harmonieux.
C'est ce qui fait que la fleur est belle : elle n'est pas parfaite mais il faut la considérer dans son entièreté pour en saisir la beauté.

La vie fonctionne de la même manière. Tous les moments que nous traversons ne sont pas parfaits ni identiques mais l'ensemble est une merveilleuse et belle aventure, pleine de couleurs.
Dans chaque pétale, tu vas écrire un mot qui te donne confiance en toi, qui te donne de la force, qui te donne de la joie.
Cette fleur est ta fleur de confiance.
Tu peux mettre ton prénom au milieu si tu le souhaites ou te dessiner. Pour que ta fleur soit belle, tu pourras la colorer et même améliorer sa tige, lui faire de belles feuilles pour montrer qu'elle est épanouie et forte.

Dans ses pétales, Léa mettrait : aimer – famille – rire – chats – musique – apprendre

Et toi, quels mots vas-tu écrire dans les pétales ?

Regarde ta fleur de confiance à chaque fois que tu auras peur de ne pas arriver à surmonter une difficulté pour te rappeler toutes les ressources que tu as en toi.

Léa et Samy te le redisent : ils ont confiance en toi et toi, tu dois avoir confiance en toi.

3. LA MONTGOLFIÈRE ANTI-STRESS

Tu as vu dans la **2ème partie** comment créer ton image refuge.

Tu peux aller encore plus loin à partir de cette image apaisante. Imagine qu'une montgolfière s'est posée dans le lieu que tu as créé pour ton image refuge. Cette montgolfière est là pour toi : elle t'attend.
Tu te souviens peut-être de l'exemple de Samy : sa montgolfière l'attend sur la plage recouverte d'une herbe agréable et moelleuse.

Pour apprendre à te connaître, tu vas pouvoir utiliser tes 5 sens.
Cela va te permettre de découvrir comment tu te sens dans le monde qui t'entoure, ce que tu ressens, quelles expériences tu fais simplement dans ta vie de tous les jours.

Imagine où t'attend ta montgolfière.

Tu grimpes dans la nacelle de cette montgolfière.
Tu gonfles le ballon pour pouvoir monter dans les airs.
Mais tu ne montes pas assez haut.
Pour prendre de l'altitude, tu vas devoir jeter du leste : ce sont les 3 paquets un peu lourds, posés au fond de la nacelle.
Quand tu jettes un paquet, la montgolfière s'allège et monte un peu plus et s'approche des nuages.
Quand tu jettes un deuxième paquet, la montgolfière monte encore un peu plus et s'approche des oiseaux.
Quand tu jettes le troisième et dernier paquet, la montgolfière est si légère qu'elle est tout en haut dans le ciel, au-dessus des nuages et des oiseaux.
Tu sens l'air frais qui caresse ton visage, tu te sens bien.
Tu regardes vers le bas et tu aperçois là, en-dessous, le magnifique paysage de ton image refuge.

Dans l'exemple de Samy, il peut voir non seulement cette immense plage recouverte d'herbe mais surtout la mer à perte de vue.
C'est tellement beau : les couleurs de l'eau, de l'herbe, du ciel sont magnifiques.

Samy aussi, comme la montgolfière, se sent léger et libre, sans ses paquets trop lourds.

Dans ces paquets, tu vas pouvoir écrire ce que tu veux : quelque chose qui te cause du souci, qui t'empêche de te sentir bien, qui te fait peur, qui t'énerve ou qui te rend triste.

Dans la montgolfière, il n'y a de la place que pour toi et ta joie.

Tu peux te dessiner dans la montgolfière et la décorer comme tu en as envie.

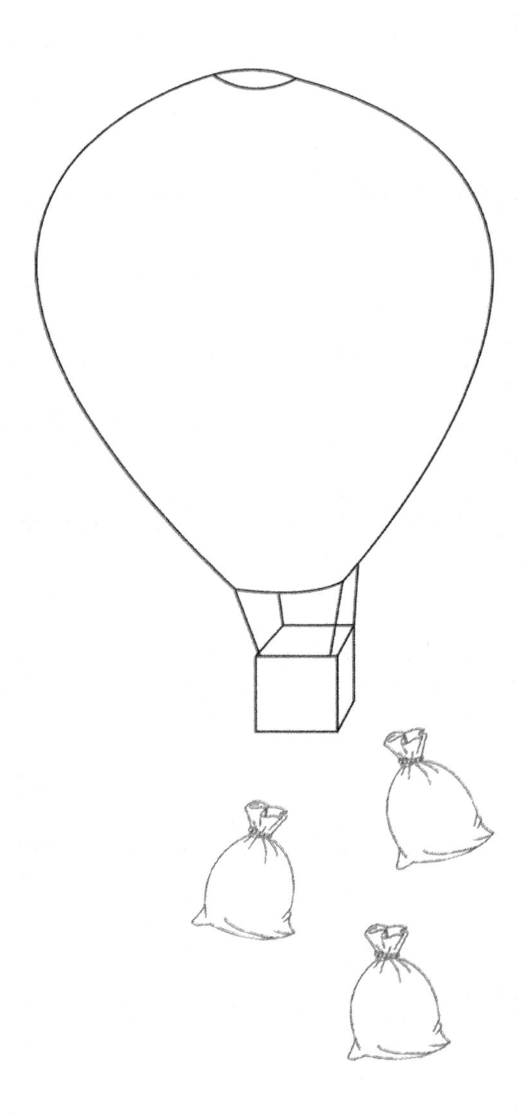

4. MA MÉTÉO DE L'HUMEUR

Comme la météo, nous vivons nous aussi des moments de variations.
Chez nous, il ne s'agit pas de la pluie, de la neige, du vent ou du beau temps.
Ce sont nos émotions qui dictent notre météo de l'humeur.

Quand nous traversons une émotion désagréable, inconfortable ou douloureuse, nous avons parfois du mal à en sortir. Nous avons même parfois l'impression que nous n'allons pas réussir à en sortir. C'est décourageant.
En réalité, nous y arrivons toujours même si cela prend un peu plus de temps certaines fois.

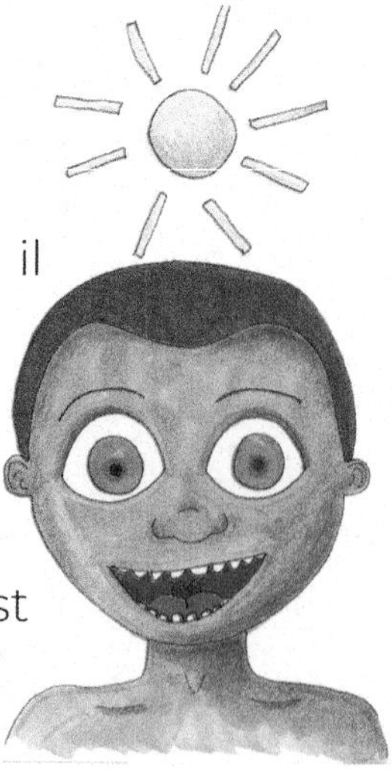

Par exemple, Samy se souvient la dernière fois qu'il a été triste. Il a entendu une très mauvaise nouvelle à la radio.
- Avant : il se sentait bien, il était joyeux ; il prenait son petit déjeuner. La météo de son humeur : soleil et ciel bleu.

- Pendant : au moment où il a entendu la mauvaise nouvelle, il a eu envie de pleurer dans son bol de chocolat (oui, je sais, c'est vrai, ce n'est pas bon du tout de mélanger des larmes au chocolat !). Il a senti que son corps était tendu et son esprit ne pouvait pas penser à autre chose. La météo de son humeur : orages, foudre, vents violents, pluie très forte et ciel gris foncé.

- Après : petit à petit, il a occupé son esprit et son corps autrement puisqu'il fallait qu'il se prépare pour aller à l'école. Il a porté son attention et sa concentration sur l'eau chaude de la douche, l'odeur agréable du savon, la douceur des cheveux que l'on coiffe, les

couleurs des habits à choisir pour la journée...
La météo de son humeur : encore quelques nuages mais le soleil revient peu à peu et le ciel redevient bleu.

Tu vas faire à ton tour ta météo de l'humeur en réfléchissant à la dernière fois que tu as vécu une situation de tristesse ou de colère.

- Comment te sentais-tu avant cette émotion ?

____

- Comment te sentais-tu pendant cette émotion ?

____

- Comment te sentais-tu après cette émotion ?

____

A toi de jouer !
Dessine la météo de ton humeur.
Cela t'aidera à comprendre comment tu arrives à chaque fois à dépasser une émotion désagréable ou douloureuse.
Tu sais le faire.
Samy a confiance en toi et toi, tu dois avoir confiance en toi.

AVANT

PENDANT

APRÈS

SYNTHÈSE DE LA 3ÈME PARTIE : MON SUPER MOI

Nos émotions ne sont pas nos ennemies.
Elles nous font parfois un peu mal mais elles nous permettent toujours d'apprendre des choses nouvelles sur nous et sur les autres.
Ressentir des émotions, c'est avoir un cerveau qui fonctionne bien, un corps qui fonctionne bien.
Mais quand les émotions font trop mal ou créent des problèmes dans nos relations avec les autres, alors il faut juste apprendre à les apprivoiser pour en faire des supers pouvoirs.

Maintenant, tu sais faire tout cela et à la fin de ce cahier, tu connais ton SUPER MOI.

Tu peux te dessiner en super héros des émotions et écrire 3 super pouvoirs que tu peux utiliser désormais.
Par exemple, Samy et Léa écriraient : rire – chanter – aimer

A toi de jouer !

Tu sais comment gérer **la peur**, **la tristesse** ou **la colère**.

Tu sais comment multiplier **la joie** et **le bonheur**, pour toi et pour ceux que tu aimes.

Samy et Léa ont toujours eu confiance en toi. Mais maintenant, toi, tu dois avoir confiance en toi.
Personne n'est parfait, personne n'est fort tout le temps.
Le plus important, c'est de bien se connaître, de s'accepter comme on est, de s'aimer comme on est et d'apprendre toujours pour pouvoir progresser toute sa vie.

Samy et Léa sont très heureux d'avoir eu la chance de faire ta connaissance à travers ce petit cahier.

CROIS-LES : TU ES FORMIDABLE !

POSTAMBULE

Voilà : ce petit cahier Mes émotions et moi est terminé.

Nous espérons que les petits et les grands ont eu plaisir à le parcourir et à faire les différentes activités.

Toutes ces activités peuvent être faites et refaites en parfaite autonomie, à chaque fois qu'une situation le nécessitera.
Dans la gestion de nos émotions, tout est utile et réutilisable puisque nous traversons des émotions différentes toute notre vie.
Peut-être que les adultes auront envie de tester à leur tour le cahier qui leur est destiné, en cours de préparation.
Ils retrouveront des mises en pratique en lien avec les 5 sens, avec la respiration afin de mieux gérer le stress et toute situation inconfortable.
Ils verront aussi comment écrire, dessiner, se mettre en mouvement permet de mieux se connaître et de trouver des ressources quand on traverse des zones à la météo chahutée.
Les orages ont toujours une fin. L'essentiel est de ne pas se laisser déstabiliser par la violence des intempéries.

Nous vous souhaitons beaucoup de joie et de bonheur à partager.

QUI SONT ARMELLE ET ANNE ?

Armelle a déjà beaucoup travaillé avec les enfants depuis presque 30 ans.
Elle a été très longtemps professeure (de musique et de français) mais aussi conteuse et elle anime des ateliers d'écriture, de théâtre et de slam auprès d'enfants et d'adolescents.

Elle a écrit plusieurs ouvrages pour les enfants en école, collège et lycée, pour les aider à apprendre en classe et chez eux.

Maintenant, elle soigne les gens : elle est thérapeute.
Elle reçoit aussi beaucoup d'enfants en consultation. Elle travaille toujours la gestion des émotions avec eux et sollicite plusieurs outils pour les aider : l'ancrage sensoriel notamment, la relaxation mais aussi la médiation artistique relationnelle (dessin, musique, écriture et danse).
Pour tout cela, elle se sert du langage verbal et non verbal.

En 2022, elle a créé PHARE (Psychologie Humanisme Aidance Recherche Education), organisme de formation et d'édition.

Son centre d'intérêt principal est la santé mentale des petits et des grands et elle développe l'empowerment en donnant à chacun des outils pour aller mieux de manière autonome, en identifiant ses ressources et en développant ses supers pouvoirs.
Car oui, nous avons tous des supers pouvoirs.

Armelle est aussi maman de deux grands enfants et tatie de trois adorables neveux avec qui elle partage le dessin, la musique, l'écriture et même la danse !
Ensemble, ils vivent de grandes et belles émotions.

Anne est graphiste - illustratrice, avec un intérêt particulier pour tout ce qui touche à l'enfance.
Elle aime accompagner des grands moments de bonheur grâce à son métier: elle crée des faire-parts de mariage, de naissance entre autres.
Elle réalise aussi des identités visuelles pour des entreprises ou encore plein d'autres choses liées à la communication visuelle.
Pour cela, elle doit comprendre qui sont les gens avec qui elle travaille, quelles sont leurs valeurs, quelle est leur personnalité: c'est un travail passionnant et qui demande beaucoup d'écoute et d'attention.

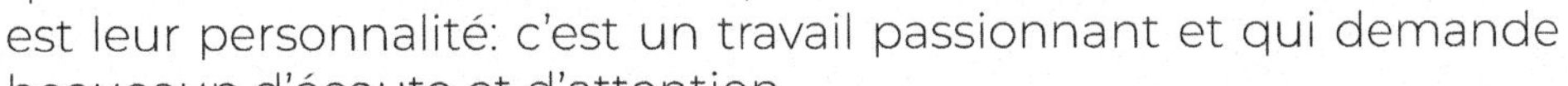

Anne a toujours voulu faire ce métier; c'est pour cela qu'elle a fait des études en arts appliqués après un bac scientifique (même si elle a failli devenir infirmière...mais ça c'est une autre histoire!).
Quand elle était étudiante, Anne travaillait pendant les vacances auprès d'enfants, de personnes handicapées et de personnes âgées.
Une fois son diplôme en poche, elle travaille en freelance, notamment pour une grande entreprise de puériculture: les enfants, encore!
Anne est comme Armelle, elle aime faire plusieurs métiers qui sont toujours en lien avec les autres: pendant qu'elle travaille comme graphiste, elle est aussi animatrice en EHPAD pendant 10 ans. Cela lui plaît beaucoup: les personnes âgées ont tant à nous apprendre!
Anne devient maman d'une petite fille en 2012 et d'un petit garçon en 2015: c'est un immense bonheur pour elle car c'est le plus beau métier du monde!
En 2021, elle décide de monter sa propre entreprise pour être graphiste à 100%: elle crée « La Petite Graine qui Pousse », en se spécialisant dans le monde de l'enfance et de l'évènementiel familial.
Anne adore dessiner mais ce n'est pas le seul art qu'elle aime: elle pratique régulièrement la danse.
C'est précisément là qu'Anne et Armelle se rencontrent en 2019: dans les cours de danse de Françoise et Quentin.

Les P'tits cahiers du PHARE sont donc nés ici, dans les cours de danse, là où les émotions s'expriment et se partagent grâce à tous les langages: les mots, la musique, le corps, le regard.

L'aventure ne fait que commencer.

GUIDE DU CAHIER POUR LES ADULTES

PRÉAMBULE AUX ENFANTS QUI OUVRENT CE PETIT CAHIER

Pourquoi un préambule en forme d'autoportrait ?

Avant de commencer à travailler sur ses ressentis, ses émotions, ses perceptions de lui-même et des autres, il est important de donner à l'enfant un temps d'ancrage.

Ce cahier, vous le comprendrez, s'appuie sur l'ancrage sensoriel pour favoriser l'accès à l'émotionnel.
Cette première séquence commence donc par un ancrage visuel.
L'enfant est invité à se regarder dans un miroir pour prendre le temps de s'observer.
Ainsi, il est amené à mobiliser son attention et sa concentration; cela mobilise donc ses fonctions exécutives.
C'est déjà, en soi, un premier travail. C'est pour cela qu'il est guidé.
Les questions sont progressives.
L'enfant va d'abord identifier qui est ce MOI dans le miroir puis prendre un temps d'observation guidée.
Les réponses peuvent être courtes ou longues.
De manière générale, il n'y a pas d'obligation de résultat.
C'est très important : ce cahier n'est pas un cahier de vacances où l'on révise des apprentissages scolaires ; ce cahier est un accompagnement à la découverte de soi. Le tâtonnement est encouragé, pas la rigueur.
Il y a volontairement une simulation d'échange, comme si l'enfant rencontrait Samy et Léa. Ils répondent donc aux mêmes questions.

Leurs réponses ne sont que des indications et peuvent juste être utilisées comme base de travail par l'adulte qui accompagne ou peut suffire à guider un enfant assez grand pour utiliser ce cahier en autonomie (à partir du CE1 – CE2).

Dans l'exploration de son reflet dans le miroir, l'enfant peut mobiliser un autre sens : toucher ses cheveux en les regardant par exemple ou les autres parties de son visage. L'ancrage sensoriel n'en sera que plus intense.
Ils l'encouragent volontairement à finir sur des grimaces s'il le souhaite pour le détendre après ce moment d'attention et de concentration.

Ce cahier doit rester ludique. Il doit être un moment de détente, un moment pour soi, un moment de complicité avec quelqu'un d'autre éventuellement.
Mais il faut s'amuser en explorant son MOI et en explorant ses émotions.

1ÈRE PARTIE : MOI, QUI SUIS-JE?

Dans cette partie, volontairement, la première activité proposée sera systématiquement un tableau à deux colonnes à la consigne identique.
Cela permet à l'enfant d'acquérir une méthode d'exploration; cette routine est là pour lui faciliter cet apprentissage et le rendre autonome plus tard lorsqu'il fera des expériences sensorielles agréables ou désagréables.

A chaque fois, Samy ou Léa lui demandent seulement 3 expériences négatives mais 5 expériences positives.
C'est volontaire. Il faut bien respecter ce chiffre. Il faut bien respecter l'ordre d'exécution aussi : commencer forcément par le négatif et terminer par le positif.
Cela lui permet de construire doucement des repères de réhabilitation sensorielle : quand il croisera l'inconfort, il saura convoquer le confort pour renverser l'émotion négative en émotion positive.
Les adultes peuvent faire aussi ce petit travail.

La sensorialité est très importante dans les ressentis et les émotions, à tout âge.
Mais nous le proposerons bientôt dans un cahier spécifique destiné aux adultes.

Les activités sont au nombre de 2 ou 3 et obéissent à une progression ; il est important de les faire si possible dans l'ordre

1. JE REGARDE

Comme dans le Préambule, Léa ou Samy mènent les exercices sous la forme d'une conversation ; ils proposent donc à l'enfant des réponses qui leurs sont personnelles pour l'entraîner dans la rencontre avec l'autre, doucement.
L'adulte qui l'accompagne dans ce petit cahier peut parfaitement s'ajouter à leurs voix ou substituer ses propres réponses aux leurs.
Je suis certaine que chaque adulte a une couleur préférée à partager et à dessiner.

2. J'ÉCOUTE

Le travail sur les onomatopées peut faire rire mais il peut aussi convoquer des émotions négatives, des peurs par exemple car certains bruits peuvent sembler hostiles à certains enfants ou rappeler une expérience désagréable.
Ce travail est l'occasion de désamorcer ces expériences négatives en permettant à l'enfant de s'approprier ces bruits, de les écrire, de les dire, de les dessiner même.
Samy et Léa donnent volontairement des titres de chansons que l'on peut trouver très facilement sur internet.
N'hésitez pas à partager ou chercher avec l'enfant d'autres chansons et à nous les faire partager !
Dessiner une chanson qui procure des émotions s'apparente à ce que l'on appelle les correspondances transmodales. En médiation artistique, c'est un outil passionnant : plusieurs modes d'expression peuvent être utilisés, y compris pour la même émotion. Ici, on pourra utiliser l'écrit, le dessin, la musique, la voix, le non verbal. Cela débride et libère l'expression des émotions.

Attention : il n'y a pas de bon ou de mauvais dessin. On ne met pas de notes chez PHARE !
Ce qui compte, c'est ce que l'enfant exprime, dit, raconte, expose de lui dans ce dessin.
Veillez à toujours l'encourager, le féliciter aussi.

2. JE TOUCHE

L'exercice de la montagne est inspiré de l'art-thérapie mais il s'agit plutôt de médiation psycho-artistique.
La montagne est un obstacle, un très grand obstacle, imposant et intimidant.
Dans cet exercice, l'enfant travaille la résolution de problème. Il va comprendre que ses sens lui permettent d'accéder à la réussite et à la fierté de ce qu'il vit et accomplit.
Il peut utiliser tout ce qu'il veut pour gravir cette montagne: à pieds ou à cheval, marcher à 4 pattes pour ne pas glisser, voler, se faire aider ou y parvenir seul.
Tout est permis tant qu'il arrive en haut, car il n'y a pas de petite victoire.
Au sommet, Samy et Léa l'invitent à vivre et ressentir sa réussite en pleine conscience : s'exprimer à voix haute, dire comment il se sent tout en haut, prendre le temps de regarder autour de lui et au-dessus de lui, écouter les bruits ou même l'écho de sa voix.

2. JE SENS

Samy et Léa utilisent beaucoup les contes, les comptines avec les enfants.
Ils peuvent ainsi jouer avec les mots tout en travaillant, ils peuvent retenir les paroles car il y a du rythme, des rimes, des répétitions pour en faciliter la mémorisation.
Vous verrez qu'ils ont utilisé l'écriture inclusive et nous savons que certains adultes n'y sont pas favorables.
Toutefois, c'est exceptionnel : dans ce petit cahier, nous avons veillé à genrer le moins possible les textes.
La comptine permet de procéder à une sorte de scanner du corps, exercice de pleine conscience que l'on pratique facilement et que l'on peut adapter à tout âge.

Plus loin dans le cahier, une chanson reviendra sur cette technique.
L'essentiel est que l'enfant fasse ce temps de relaxation guidé par la comptine tranquillement, en prenant son temps et sans autre sollicitation en même temps.
Il faut alors éviter de lui parler en même temps, de le déranger en passant à côté de lui ou en faisant des bruits parasites.
Il faut que le corps suive le mouvement des mots, en partant des pieds jusqu'à la tête.

5. JE GOÛTE

Cette activité permet d'apprendre à manger en pleine conscience.
Pour cela, on peut utiliser tout type d'aliment, du sucré comme du salé, et n'importe quel repas.
Cette expérience peut être faite ensemble, ce peut être l'occasion de partager un moment de gourmandise ou d'élaborer ensemble ensuite un menu à concocter avec lui.
Il est important de toujours associer l'expérience sensorielle aux émotions.

SYNTHÈSE DE LA 1ÈRE PARTIE

Chaque partie se termine par une activité de synthèse.
Nous proposons celle-ci afin de recentrer toute la sensorialité sur un seul aliment.
Ce peut être une expérience complexe si l'aliment est très facile à manger car il va falloir retenir le moment de la dégustation pour élaborer d'abord la rencontre sensorielle.
Il faut donc éviter la glace par exemple, elle aura fondu avant la fin sinon.

2ÈME PARTIE : MES ÉMOTIONS ET MOI

Dans cette deuxième partie, les activités sont différentes ; il n'y a pas de routine comme dans la partie précédente (le tableau négatif/positif).
Nous avons instauré un autre rituel : celui de la petite citation.

Ces citations sont simples et elles peuvent ouvrir la discussion avec l'enfant.
Elles peuvent rester purement esthétiques si vous ne souhaitez pas les aborder avec lui.

1. LA PEUR

Nous avons utilisé l'exemple de la peur du noir et la peur de dormir qui sont très fréquentes chez les enfants et dont on parle très souvent chez le thérapeute.

L'enfant va pouvoir utiliser l'ancrage sensoriel vu dans la partie précédente pour apprivoiser cette peur et atténuer l'intensité émotionnelle.
Samy et Léa lui proposent une petite comptine qu'ils ont composé pour ce moment de la journée si particulier chez les enfants.Vous allez pouvoir compléter avec l'enfant les paroles de la comptine en fonction de ce qu'il voit depuis son lit.
Les paroles peuvent ainsi s'adapter quel que soit l'endroit où il dort, y compris quand il n'est pas chez lui.
Nous avons créé un padlet avec les contenus audio de ce petit cahier. Vous pourrez accéder très simplement au padlet en scannant le QR Code.

Le dessin de la vague travaille la résolution de problème. Souvent, la peur naît de la sensation que le problème est insurmontable mais rien n'est insurmontable, il faut juste accepter de se mouiller un peu, s'agissant des vagues.
Cette activité suit la progression initiée avec la montagne à gravir.
Cette fois, l'obstacle n'est pas statique, il faut composer avec l'instabilité et donc avec l'imprévisibilité.
Là aussi, peu importe les moyens utilisés, l'essentiel est le résultat.

1. LA TRISTESSE

Le double autoportrait permet d'accepter sa part de vulnérabilité et sa perméabilité aux émotions négatives :

cela fait partie de tout être humain et c'est normal.

Il est important que le côté triste soit à gauche et le côté joyeux à droite, comme dans le tableau de la partie 1.
Il est important de faire les dessins dans l'ordre : le gauche d'abord, le droit ensuite.

L'image refuge est une activité d'ancrage et suit donc la progression du travail sur l'ancrage sensoriel.
C'est une activité inspirée aussi de l'hypnose et de la pleine conscience.
L'endroit choisi comme refuge peut être réel ou parfaitement inventé.

Ce qui compte, c'est ce que l'enfant souhaite convoquer pour trouver l'apaisement.

3. LA COLÈRE

Lister les mots de la colère est important. Ces mots ne sont pas guidés volontairement : des verbes, des noms, des adjectifs, des onomatopées.

L'image du sac permet l'acceptation et l'engagement, ce qui est une forme thérapeutique très intéressante pour l'autonomisation des enfants dans leur vécu émotionnel : ils apprennent qu'ils ont le droit à la colère, ce n'est pas honteux, ils peuvent l'exprimer mais ils apprennent aussi à la maîtriser une fois qu'elle est sortie ; on peut la contenir en fermant le sac.

L'activité sur la frise chronologique permet de comprendre comment agit la colère : ce qui la fait naître, ce qui la fait s'exprimer et comment et quelles en sont les conséquences.
En visualisant ainsi son déroulement, il devient plus simple de comprendre à quel moment on doit l'arrêter.
On imagine alors que l'on peut, avec des ciseaux imaginaires (les émotions positives, la confiance en soi) arrêter l'escalade de la colère pour retrouver l'apaisement.

4. LA JOIE

Nous avons volontairement terminé ce travail sur les 4 émotions principales sur la joie pour finir par l'émotion positive.

Vous pouvez alors leur faire découvrir la chanson de Charles Trénet bien connue, entraînante, répétitive donc facile à mémoriser.
Le temps d'écoute demande un peu d'attention et de concentration mais l'enfant a appris à le faire au début du cahier, vous pouvez le lui rappeler.
A lui de mettre dans la chanson ce qui lui plaît, ce qui le fait sourire et rire, ce qui le rend heureux.
Il peut ensuite dessiner la chanson et solliciter ainsi, à nouveau, les correspondances transmodales : musique, écriture, dessin, langage verbal et non verbal.

L'activité sur le gabarit de cœur invite à collecter des mots qui donnent du bonheur. Cela vient exprès en contraste avec le sac à colère. L'enfant apprend ainsi qu'il y a des mots qui blessent et d'autres qui réparent.
Il travaille ainsi la régulation émotionnelle et apprend à mieux nommer ses ressentis et ses émotions.

SYNTHÈSE DE LA 2ÈME PARTIE

Les ballons sont là pour rappeler que nous avons des sentiments et des émotions contrastés et c'est normal : nous sommes des êtres humains.
Cela ne nous empêche pas d'être formidables, bien au contraire.
Nous devons apprivoiser nos contradictions, nous devons nous aimer avec ces émotions si différentes qui parfois nous submergent car nous ne pouvons pas les éviter mais nous pouvons les apprivoiser.

3ÈME PARTIE : MA CONFIANCE ET MOI

Cette dernière partie donne des outils d'autonomisation et de régulation émotionnelle à chacun.

Nous les avons tous créés en travaillant avec les enfants, en cherchant pour eux des solutions.
Nous espérons qu'ils vous plairont et qu'ils aideront chaque petit propriétaire de ce cahier.

Quand on apprivoise ses émotions, on prend confiance en soi, on sait que l'on peut surmonter tous les obstacles.

1. MON AUTO-MASSAGE

Cette activité reprend le scan corporel à peine esquissé précédemment.
L'ancrage sensoriel est multipolaire : j'entends ma voix chanter la comptine, je touche les parties du corps que j'énumère. Ainsi, l'attention et la concentration sont mobilisées.
La comptine suit les parties du corps des pieds jusqu'à la tête. Il est impératif que cette logique soit suivie.
En procédant ainsi, la respiration va se caler, s'apaiser, se réguler.
La chanson est écrite pour pouvoir être mémorisée facilement: la phrase musicale est très simple, les rimes et le rythme facilitent l'appropriation, la construction redondante aussi.

2. MES 3 PETITS BONHEURS

Réévaluer le passé aide à mieux appréhender le présent et l'avenir.
Cela vaut aussi pour le déroulement de notre journée.
Souvent, le soir, nous sommes de mauvaise humeur, nous n'arrivons pas à dormir, nous ruminons à cause de ce que nous avons vécu dans la journée.
Cette activité permet de porter toute son attention sur 3 éléments positifs, dont la nature peut être très modeste, presque insignifiante pour celui qui ne sait pas bien regarder autour de lui : quelqu'un vous sourit, un joli nuage passe, un oiseau chante près de vous...
Tout cela constitue aussi des petits bonheurs que nous n'arrivons plus à apprécier parfois, trop préoccupés par nos soucis.

On peut tenir un carnet de petits bonheurs, en indiquant la date. Cela permet aussi de se replonger dedans quand on est dans une période difficile.
On se rassure, on se réassure.

3. MA FLEUR DE CONFIANCE

Le gabarit de la fleur permet finalement d'élaborer une carte mentale avec une forme agréable.
L'enfant est au centre. Il pousse, grandit, se développe au fil du temps. Ses pétales sont ses supers pouvoirs pour faire son chemin de vie avec confiance.
Parfois, dans les pétales, certains enfants écrivent des noms de personne (les parents, les amis...), parfois ce sont des choses qu'ils aiment (le chocolat, les papillons...), parfois aussi ce sont des verbes (rire, grandir, jouer...).
Là encore, il n'y a pas de bonne ou mauvaise réponse.
Ce qui compte, c'est que l'enfant arrive à identifier ses ressources.

4. MA MONTGOLFIÈRE ANTI-STRESS

La montgolfière est une activité créée pour apprendre aux jeunes patients un exercice d'autohypnose et comme cela fonctionne bien, nous en avons fait un gabarit que chacun peut personnaliser.
Cette activité s'inscrit dans la progression du travail d'ancrage entrepris avec l'image refuge précédemment.
Il s'agit de se débarrasser de ses soucis, de les identifier et de les nommer d'abord puis de décider de s'en délester pour être plus léger dans sa tête, comme une montgolfière dans les airs.

5. MA MÉTÉO DE L'HUMEUR

Cette activité s'inscrit dans la progression du travail de la frise chronologique de la colère.
Il s'agit de réussir à identifier des évolutions émotionnelles : ne pas nier l'humeur d'hier, identifier celle d'aujourd'hui, décider de celle de demain.

L'enfant devient autonome et appréhende moins, ainsi, de regarder en arrière.
Au contraire, il en tire de la force : il constate sa propre évolution il s'autorise à des émotions contradictoires, il comprend qu'i peut agir et non pas subir.

SYNTHÈSE DE LA 3ÈME PARTIE

En synthèse, nous invitons l'enfant à se représenter en super héros.
Il doit pour cela identifier ses supers pouvoirs en se servant de tout ce qu'il a vu et compris dans ce petit cahier.

Maintenant, il se connaît mieux. Il sait qui il est.
Il accepte ses vulnérabilités mais reconnaît ses forces et sait les mobiliser.

Il est formidable : il faut le lui dire, le lui répéter.

Vous l'êtes aussi, vous qui l'accompagnez à travers ce petit cahier.